EN
PLEIN AIR

L'édition originale de cet ouvrage
a paru sous le titre: *Be Safe Outdoors*
Copyright © Aladdin Books Ltd, 1989,
70, Old Compton Street, London W1
All rights reserved

Adaptation française de Louis Morzac
Copyright © Éditions Gamma, Tournai, 1990
D/1990/0195/17
ISBN 2-7130-1075-6
(édition originale: ISBN 086313 954 X)

Exclusivité au Canada:
Les Éditions École Active,
2244, rue Rouen, Montréal H2K 1L5
Dépôts légaux, 2ᵉ trimestre 1990
Bibliothèque nationale du Québec
Bibliothèque nationale du Canada
ISBN 2-89069-018-0

Imprimé en Belgique

EN PLEIN AIR

PETE SANDERS – LOUIS MORZAC

Éditions Gamma – Les Éditions École Active
Paris – Tournai – Montréal

Introduction

Il y a beaucoup d'endroits à découvrir à l'extérieur: par exemple, les plaines de jeu, les rues, les parcs publics et la campagne. Certains lieux sont plus sûrs que d'autres. Cependant, même quand tu joues dans des endroits sûrs, il peut y avoir des risques. Tu dois apprendre tout ce qui concerne la sécurité de façon à savoir comment prendre soin de toi. Les exemples et les conseils que tu trouveras dans ce livre t'aideront à te protéger des dangers, quel que soit l'endroit extérieur où tu te trouves.

Regarde attentivement l'illustration de cette page. Certains de ces enfants sont dans des situations dangereuses. Combien en vois-tu? Tu trouveras quelques-unes des réponses à la fin de ce livre, page 29.

5

Sortir

Tu verras à l'extérieur de nombreux systèmes destinés à assurer ta sécurité. Il y a presque partout des clôtures. Aux endroits particulièrement dangereux, par exemple des travaux routiers, on construit de nouvelles palissades. Des panneaux de signalisation nous avertissent du danger. Pourquoi les inscriptions qu'ils portent sont-elles courtes?

Quand tu sors, tu dois porter des vêtements appropriés. Les gens qui travaillent à l'extérieur portent souvent des vêtements spéciaux, soit pour se protéger, soit pour nous montrer qui ils sont. Ainsi, il est facile de reconnaître un policier ou un pompier. Quand tu visites un chantier de construction, le contremaître veillera à ce que tu portes un casque de protection pour t'éviter les risques de blessures à la tête. Essaie d'imaginer de quel équipement de sécurité tu pourrais avoir besoin.

À SAVOIR

Quand tu sors, tu as souvent besoin de porter des vêtements pour te protéger du climat. Par temps chaud tu devrais porter un chapeau pour t'abriter du soleil. Des lunettes solaires t'évitent d'être ébloui. En hiver, une coiffure te protège du froid. Quand il neige, tu dois porter plusieurs couches de vêtements pour avoir chaud, te couvrir les oreilles et mettre des gants. Par temps de pluie, tu as besoin d'un bon imperméable et d'un chapeau.

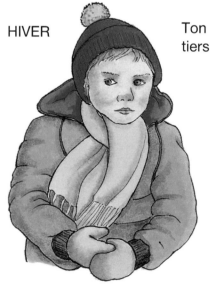

HIVER

Ton corps peut perdre un tiers de sa chaleur par la tête.

ÉTÉ

Ta tête et tes épaules doivent être protégées contre les rayons dangereux du soleil.

Ces cônes sont là pour te signaler des travaux routiers. Les piétons sont invités à suivre la flèche.

Réfléchir d'abord

Il faut toujours réfléchir d'abord et agir ensuite. Il peut t'arriver d'oublier les règles de la sécurité routière parce que tu penses à autre chose ou que tu es surexcité. Apprendre à être prudent t'aidera à prendre de bonnes décisions.

Quand tu joues à l'extérieur, assure-toi que tu choisis un endroit sûr. Tâche d'énumérer des endroits où il serait dangereux de jouer. Regarde à la page 5. Certains enfants ne jouent pas en des lieux sûrs. Avant de sortir, assure-toi que tu portes des vêtements appropriés et que tu emportes l'équipement dont tu as besoin. Avertis toujours quelqu'un de l'endroit où tu vas jouer. Quand tu rentres à la maison, lave-toi soigneusement, change éventuellement de vêtements, nettoie ton équipement et n'oublie pas de le ranger à sa place.

 ## À SAVOIR

Les grandes personnes s'inquiètent souvent lorsque leurs enfants sont dehors dans l'obscurité, notamment parce que, la nuit, il est plus difficile de voir et d'être vu. Si tu portes des vêtements brillants et de teinte claire ou réfléchissants, les autres te verront mieux. Quand tu longes une route sans trottoir, tu dois marcher à gauche, face aux véhicules qui viennent à ta rencontre. De cette façon tu vois bien ce qui s'approche de toi et chacun peut éviter l'autre.

La nuit, porte des bandes et des vêtements réfléchissants.

Marche face aux véhicules qui s'approchent de toi.

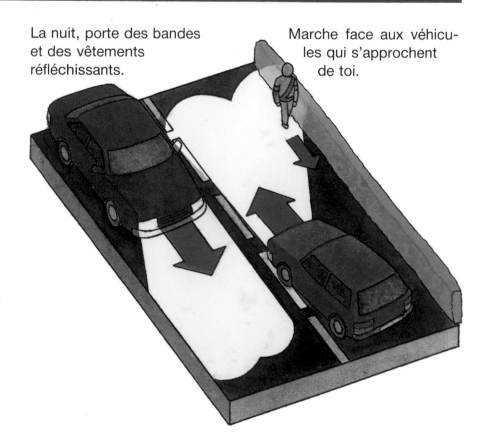

Les parapluies sont très utiles par temps de pluie.

Cherche les couleurs de vêtements qui se voient le mieux dans des champs verts ou des bois. Prends du carton vert et pose sur celui-ci des bandelettes de couleurs différentes. Quelle est la couleur que l'on voit le mieux ? Demande à tes copains ce qu'ils en pensent et vérifie s'ils sont du même avis que toi. Utilise du carton noir pour découvrir quelles sont les couleurs visibles dans l'obscurité.

Au jardin

Y a-t-il chez toi un jardin où tu peux jouer? Sinon, peut-être as-tu joué dans le jardin d'un de tes copains. Il existe un tas de jeux comme, par exemple, le football ou encore jouer à l'explorateur ou creuser le sol. Cela ne doit pas t'empêcher de penser à ta sécurité. Tu peux te blesser si tu marches à pieds nus. Il est important de porter des chaussures adaptées à ton activité. Ne joue pas au ballon trop près des fenêtres car tu pourrais casser un carreau.

Les abris de jardin contiennent souvent une quantité d'objets. N'emploie des instruments de jardinage que si une grande personne t'a montré comment les utiliser. Tu peux courir un tas de risques si tu joues avec tout ce que tu découvres dans une remise. Des clous rouillés ou des outils peuvent te blesser et infecter la plaie.

À SAVOIR

N'essaie pas de manger une baie avant de demander conseil à une grande personne. Les orties et les épines peuvent te piquer ou t'égratigner. Les abeilles et les guêpes piquent aussi quand elles se sentent menacées. Quand l'une d'elles vole autour de toi, ne bouge pas. Quelques animaux, comme les chiens et les renards, sont porteurs de puces et de tiques qui peuvent irriter ta peau. Les excréments d'animaux sont pleins de microbes.

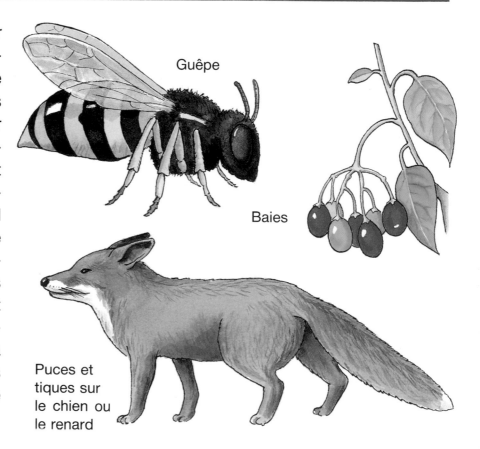

Guêpe

Baies

Puces et tiques sur le chien ou le renard

Il est amusant d'escalader des cages à grimper, mais veille à atterrir prudemment.

En ville

Être prudent signifie penser aux autres comme à toi-même. Les gens ne sont pas toujours aussi prudents qu'ils devraient l'être parce qu'ils ne prennent pas les précautions nécessaires pour assurer la sécurité des autres dans les travaux routiers, sur des chantiers ou même en déposant des immondices n'importe où.

Nous savons tous que les ordures doivent être déposées dans des poubelles. Il y a cependant des gens qui jettent par terre des objets comme des bouteilles ou des boîtes vides, en oubliant que d'autres peuvent trébucher et se blesser. Des enfants sont morts enfermés dans un vieux réfrigérateur ou écrasés par une voiture contre un tas de déblais.

Tu dois être prudent quand tu montes dans un autocar en ville ou quand tu en descends. N'essaie pas de grimper dans un autocar en marche, ni de te hâter pour en descendre.

EXERCICE

Quand tu effectues souvent le même trajet, tu peux t'arrêter et observer ce qui t'entoure. Choisis un itinéraire que tu empruntes habituellement, par exemple celui qui te mène de l'école à la maison. Prends une feuille de papier et dessine un plan en y notant tous les endroits qui peuvent être dangereux pour les autres et pour toi. Tu peux aussi noter les endroits sûrs. Montre ton dessin à tes copains. Sont-ils du même avis?

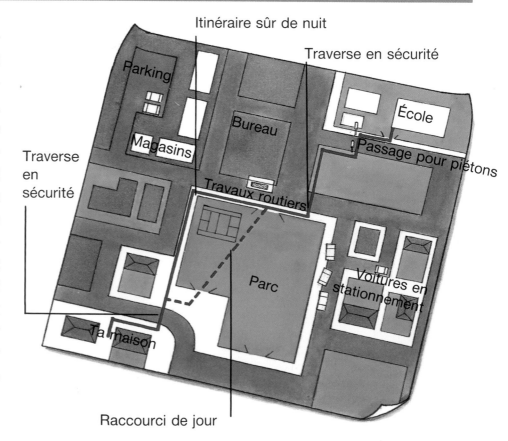

Ne joue que dans des rues interdites aux voitures.

Reste à distance quand tu observes un chantier.

Les trottoirs sont-ils sûrs au voisinage de ta maison ? Sont-ils parsemés de trous qui devraient être bouchés ? Y a-t-il assez de poubelles ? Si tu penses que quelque chose devrait être fait à ce sujet, écris une lettre à l'administration communale ou au journal local.

Dans le parc

Il existe, dans certains parcs, des terrains de jeux. Mais ceux-ci ne sont pas nécessairement sûrs. Certaines cages à grimper peuvent se trouver sur un sol très dur. L'espace ménagé autour de balançoires peut être trop restreint. N'importe quel équipement d'une plaine de jeux peut être dangereux s'il n'est pas utilisé prudemment. Ne saute pas d'un toboggan ou d'une bascule. Assure-toi que personne n'est trop près des balançoires. Pense aux autres et aux dangers que ces exercices peuvent leur faire courir.

Tu ne devrais pas parler à des inconnus, même s'ils sont aimables. Si une grande personne t'offre des bonbons ou veut te faire un cadeau, refuse simplement. Il y a des gens qui veulent faire du tort aux enfants. Ils peuvent venir dans un parc parce que c'est là que les enfants jouent.

À SAVOIR

Les parcs ont souvent leur règlement. L'accès de certains parcs est interdit aux chiens ou aux cyclistes, ce qui permet aux autres visiteurs de mieux s'y amuser. Avant de te rendre dans un parc, tu dois savoir ce que tu peux ou ne peux pas y faire. Respecte le règlement. Certaines règles non écrites sont connues de tous. Tu ne peux pas y faire de vacarme ni de la musique bruyante parce que cela dérange les autres. Tu dois penser aux autres autant qu'à toi-même.

Interdit aux chiens

Interdiction de rouler à vélo, de faire du patin ou de la planche à roulettes.

Les poubelles sont sales.

Ce terrain de jeux est sûr. Y remarques-tu des détails assurant la sécurité ?

Les pataugeoires sont sûres, mais fais attention aux petits enfants !

Promenade à la campagne

Voici quelques conseils à suivre avant de partir en promenade à la campagne. Tu as besoin d'être accompagné par une grande personne en qui tu as confiance. Porte des vêtements et des chaussures adaptés à la saison. Dis à quelqu'un vers quelle heure tu rentreras. Même si tu connais bien la région, ne quitte pas le groupe avec lequel tu vas te promener. Ce serait une erreur de vagabonder de ton côté.

À la campagne, il est sage de suivre un sentier. Si tu es perdu, arrête-toi et réfléchis bien avant d'agir. Il est peut-être préférable de revenir sur tes pas et de demander ton chemin à la première maison que tu vois ou de prendre la direction de la route la plus proche. Cette façon d'agir te permettra de retrouver plus facilement et rapidement la bonne voie.

À SAVOIR

Si tu découvres des machines agricoles au cours d'une promenade, n'y touche pas. Si tu ouvres des barrières pour passer, referme-les soigneusement derrière toi. Les clôtures ont toujours une raison d'être. Si tu pénètres dans une zone clôturée, tu peux être en contravention avec la loi. Certaines clôtures sont électrisées. Si tu les touches, tu reçois une décharge électrique. D'autres clôtures sont en fil de fer barbelé et elles peuvent te blesser.

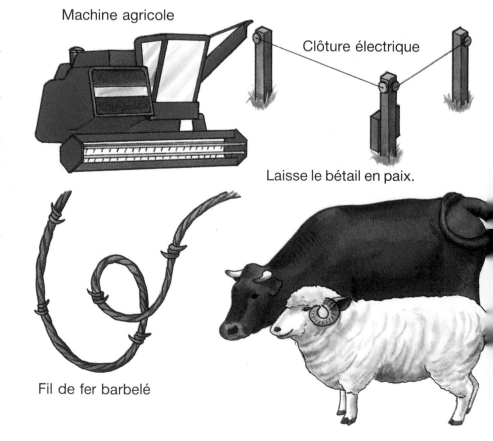

Machine agricole

Clôture électrique

Laisse le bétail en paix.

Fil de fer barbelé

Il est très important de porter des vêtements et des chaussures adaptés.

Ces enfants peuvent se blesser en jouant dans les décombres près de cette ferme.

À la campagne

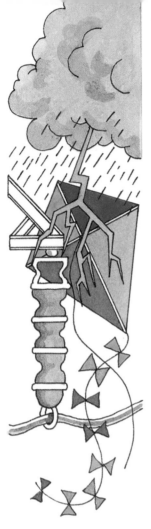

Si tu n'as pas l'habitude de la campagne, quantité de choses peuvent te créer de mauvaises surprises. Il faut être attentif aux changements de temps qui se préparent. Au bord de l'eau, sois prudent. Ne bois pas d'eau de rivière. Il existe une grande variété de fleurs et de plantes sauvages, mais certaines d'entre elles sont vénéneuses. Même si tu crois reconnaître une plante ou un fruit familier, n'essaie pas d'y goûter.

Beaucoup d'enfants aiment caresser les animaux. Ne le fais pas si tu ne connais pas l'animal. Les chiens peuvent être particulièrement agressifs et méchants, surtout s'ils ont été entraînés à protéger une propriété. Garde tes distances vis-à-vis d'eux. Si tu aperçois un serpent, arrête-toi, puis éloigne-toi aussi vite que possible. Il est d'ailleurs vraisemblable que le serpent s'enfuira de son côté s'il ne se sent pas menacé.

À SAVOIR

La foudre frappe généralement les points élevés. Il est rare qu'une personne soit foudroyée, mais voici quelques conseils de prudence si tu es pris dans un orage.

• Ne reste pas isolé à découvert ou sur un point élevé. Trouve un fossé.
• Eloigne-toi des grands arbres, car ils peuvent être foudroyés.
• Tiens-toi à distance des clôtures métalliques.
• Il ne faut ni faire voler un cerf-volant, ni rouler à vélo, ni monter un cheval.

Demeurer sain et sauf dans un orage

Si tu gardes les mains sur les genoux, la décharge électrique n'atteindra pas ton cœur.

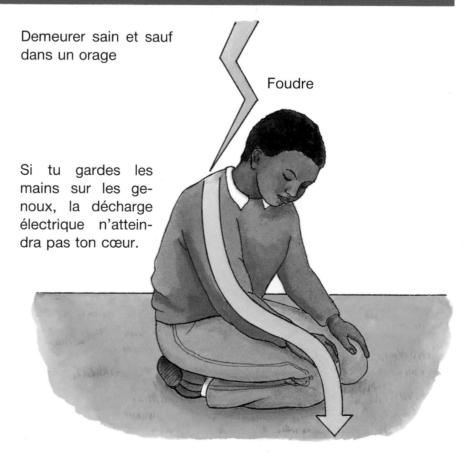

Foudre

Tu peux être emporté par des flots rapides. Reste donc à distance.

Il ne faut pas caresser les animaux que tu ne connais pas.

Faire du camping

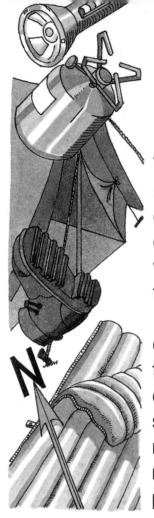

Tu ne devrais faire du camping qu'avec des campeurs expérimentés. Ceux-ci sauront quel matériel il faut emporter et quel emplacement choisir pour dresser une tente. Le meilleur endroit est un terrain plat, à distance de l'eau et à l'abri du vent. Il faut vérifier si le sol est ferme et s'il n'y a pas de pierres sous la surface, car il serait impossible d'y fixer des piquets.

Il est conseillé d'écouter les prévisions météorologiques. Si de fortes pluies sont annoncées, il faut creuser des rigoles autour de la tente pour canaliser l'eau de pluie et l'empêcher d'inonder la tente. Par grand vent, dépose de grosses pierres sur les piquets et les rabats. Si le vent souffle en tempête, il vaut mieux trouver un autre type d'abri, par exemple une grange, un refuge forestier ou même une ferme, avec l'autorisation du propriétaire.

À SAVOIR

Si tu pars faire du camping, tu dois être prêt à affronter tous les temps. C'est pourquoi il est important d'avoir des vêtements imperméables résistant à l'eau et au vent. Il faut porter des chaussures adaptées. Tu dois emporter des vêtements et des chaussures de rechange. D'autres pièces d'équipement sont utiles : une lampe de poche, une trousse de secours et une boussole qui t'aidera à te servir d'une carte en terrain découvert.

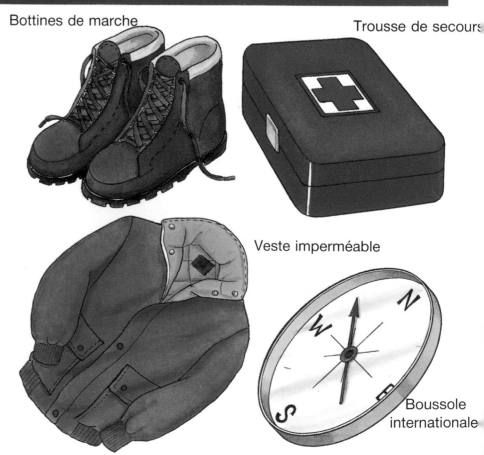

Bottines de marche

Trousse de secours

Veste imperméable

Boussole internationale

Ces enfants plantent leur tente sur un sol horizontal.

Voici une façon prudente de te servir d'un couteau.

Avant de se mettre en route, les bons campeurs dressent la liste de ce qu'ils doivent emporter. Que prendrais-tu? Dresse une liste d'objets à emporter. Pourquoi ces objets sont-ils importants? Par exemple, une boussole pour t'orienter, un sifflet pour appeler à l'aide.

Voyager en train

Quand tu es dans un train, fais attention aux portières. Certaines pourraient s'ouvrir quand le train est en marche. Parfois des gens ouvrent la portière avant l'arrêt du train. C'est très dangereux.

Quand deux trains se croisent, ils passent très près l'un de l'autre, c'est pourquoi tu ne devrais jamais te pencher par la fenêtre. Les passagers qui voyagent seuls cherchent souvent un wagon déjà occupé par beaucoup de monde. En cas de problème, il existe des sonnettes d'alarme.

Les accidents n'arrivent pas uniquement dans les trains. Des enfants ont été gravement accidentés parce qu'ils avaient oublié l'interdiction de circuler sur les terrains appartenant à la société des chemins de fer, par exemple en jouant sur les voies, trop près de celles-ci ou sur les talus qui les bordent.

EXERCICE

Les barrières des passages à niveau se ferment quand un signal annonce l'arrivée d'un train. Tu peux fabriquer toi-même une barrière en miniature avec du carton, un aimant, une paille, quelques épingles, une punaise et de la pâte à modeler. Fixe l'aimant sur un morceau de carton. Fabrique la barrière comme l'indique le modèle ci-contre. Si tu glisses l'aimant sous la barrière, celle-ci s'ouvrira.

Perfore le carton.

Punaise fixée par de la pâte à modeler

Aimant sur un carton

Épingle

Contrepoids en pâte à modeler

Bâtonnets de sucre d'orge

Utilise de la pâte à modeler pour fixer les bâtonnets.

Il vaut mieux se tenir à distance du bord du quai.

Trace les lignes jaunes d'une route.

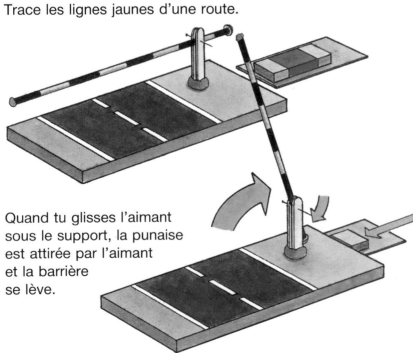

Quand tu glisses l'aimant sous le support, la punaise est attirée par l'aimant et la barrière se lève.

Les voyages en train peuvent être amusants si tu t'intéresses à l'itinéraire. Avant le départ, dessine une carte du trajet. Invente des symboles pour représenter des choses que tu pourrais apercevoir pendant le voyage, comme une petite ville, un pont, un tunnel ou une ferme. Note-les sur la carte au fur et à mesure que tu les vois.

23

Éviter les risques

Personne ne souhaite être blessé. Il est donc important de savoir comment veiller à sa sécurité à l'extérieur. Tu dois penser aux risques. Tu dois savoir quand tu prends des risques. Les gens peuvent se blesser quand ils en prennent. Pousser les autres à faire certaines choses peut les mettre dans des situations difficiles. Tu dois réfléchir et décider toi-même si un risque vaut la peine d'être pris ou non. Il vaut mieux refuser un défi qu'être blessé, même si les autres semblent se moquer de toi.

Il est important d'être prêt à faire face à l'imprévu. Par exemple, ce n'est pas quand tu es perdu que tu dois apprendre à lire une carte. Il est trop tard. Tu aurais dû le faire avant et ta sécurité serait mieux assurée. Beaucoup d'ennuis et d'accidents surviennent parce que les gens ne réfléchissent pas à ce qu'ils font.

EXERCICE

Dresse une liste des risques que prennent des enfants et des adultes. Par exemple, couper à travers champs ou se promener sur un chantier. Écris si c'est très dangereux ou légèrement risqué. Demande aux copains de faire de même et comparez. Réalise une affiche sur laquelle tu dessines les actes les plus dangereux en expliquant pourquoi ils sont risqués. Sers-toi de cette affiche comme aide-mémoire avant d'entreprendre une activité à haut risque.

Penses-tu à d'autres actes dangereux?

Ce garçon prend des risques en se postant si près du précipice.

Penser aux autres

Tu en sais plus maintenant sur la sécurité à l'extérieur. Tu devrais donc être capable de penser à la façon d'aider les autres. Il peut exister des dangers que tu connais. Tu peux aider d'autres enfants en leur décrivant les risques. Souvent, les accidents surviennent parce que les gens n'ont pas assez réfléchi à ce qu'ils faisaient. Tu peux facilement effrayer ces personnes quand tu roules à vélo ou quand tu fais de la planche à roulettes, ou même, simplement, en jouant à côté d'elles. Ne fais jamais rien d'inattendu qui puisse créer un risque pour les autres ou effrayer les gens.

Les petits enfants essayent souvent d'imiter leurs aînés. Si tu agis en pensant à la sécurité, tu seras un bon exemple: tes cadets t'imiteront et apprendront ainsi à éviter sagement les risques.

EXERCICE

Tu connais probablement l'un des symboles représentant le danger d'un produit chimique. Il s'agit d'un crâne humain et de deux os croisés. Pense à quelques-uns des dangers que les gens peuvent courir à l'extérieur, comme trébucher sur un terrain de jeux ou glisser d'une colline boueuse. Essaie d'inventer des symboles avertissant les autres des dangers. Est-ce que tes copains comprennent la signification de tes dessins?

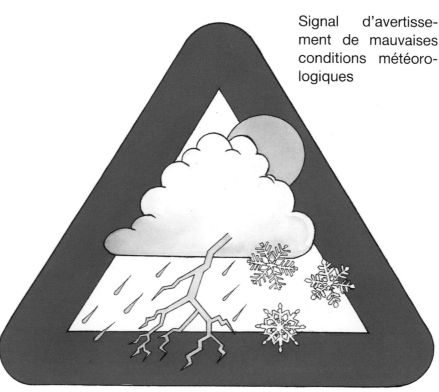

Signal d'avertissement de mauvaises conditions météorologiques

Peux-tu imaginer d'autres signaux?

Si tu dois franchir une clôture en fils de fer barbelés, fais très attention!

Si tu penses à refermer les barrières, tu seras certain que les animaux ne s'échapperont pas.

Un jeu sur la sécurité

Souvent, après un accident, les gens disent qu'ils ne voulaient vraiment pas que cela arrive. C'est probablement vrai. Mais, tout simplement, ils ont oublié de penser ou ils sont trop ignorants des règles.

Tâche de penser à des moyens amusants d'aider les autres à sauvegarder leur sécurité à l'extérieur. Tu pourrais inventer une chanson dont les paroles auraient trait à la sécurité, ou réaliser des dessins humoristiques. Tu pourrais aussi fabriquer un jeu de société relatif à la sécurité.

EXERCICE

Pour réaliser le jeu ci-contre, tu as besoin de carton, de crayons, d'un pinceau, d'une boîte de couleurs, de ciseaux et d'une règle. Tu commences par tracer des cases. Sur l'exemple de la page 29, tu vois les joueurs partir de la ville et aller au parc, puis à la campagne. Tu décides toi-même des règles du jeu, par exemple : retourner à la case de départ, si l'on joue trop près des voies du chemin de fer. Au lieu d'utiliser des pions tu peux fabriquer des silhouettes. Assure-toi qu'elles auront les dimensions adaptées aux cases du jeu.

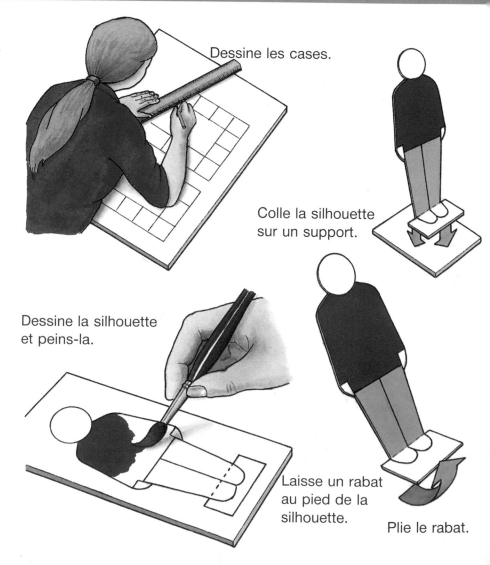

Dessine les cases.

Colle la silhouette sur un support.

Dessine la silhouette et peins-la.

Laisse un rabat au pied de la silhouette.

Plie le rabat.

Réponses aux questions de la page 4

Voici quelques-unes des choses que les enfants ne devraient pas faire : courir sur la chaussée, grimper à l'arbre, escalader une clôture, courir sur le quai de la gare, jouer sur les voies, courir dans la rue, jouer dans un dépôt d'immondices ou dans des travaux routiers, partir en camping en ne portant qu'une simple chemisette, etc...

Tu as oublié ton parapluie. Passe un tour.

Tu es piqué par des orties. Recule d'une case.

PENSES-TU À D'AUTRES DANGERS ?

Des moutons te poursuivent. Recule de 3 cases.

Tu es tombé de l'arbre. Recule de 3 cases.

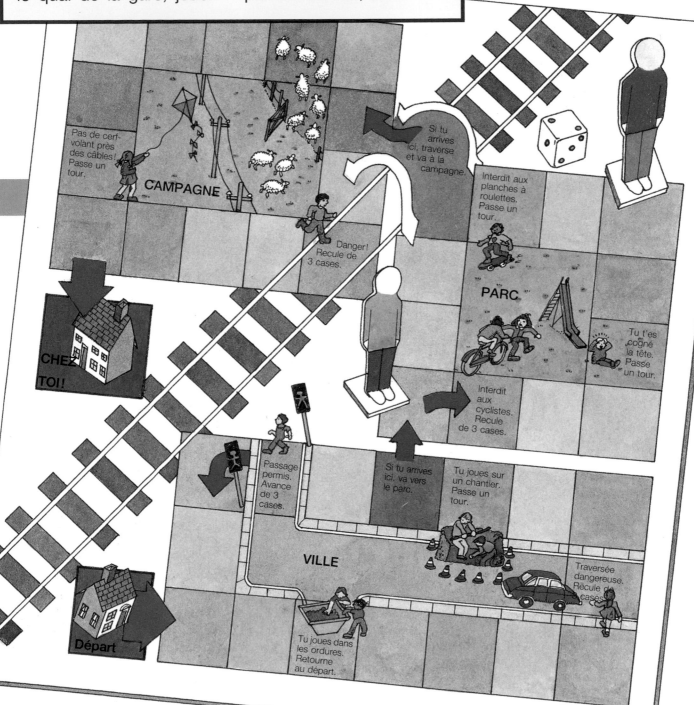

Pas de cerf-volant près des câbles ! Passe un tour.

CAMPAGNE

Si tu arrives ici, traverse et va à la campagne.

Danger ! Recule de 3 cases.

Interdit aux planches à roulettes. Passe un tour.

CHEZ TOI !

PARC

Tu t'es cogné la tête. Passe un tour.

Interdit aux cyclistes. Recule de 3 cases.

Passage permis. Avance de 3 cases.

Si tu arrives ici, va vers le parc.

Tu joues sur un chantier. Passe un tour.

VILLE

Traversée dangereuse. Recule de cases.

Départ

Tu joues dans les ordures. Retourne au départ.

Premiers soins

Les premiers soins consistent à s'occuper d'une personne qui vient d'être blessée et à l'aider. Tu dois suivre des cours pour devenir capable de donner les premiers soins. Tu trouveras ici des idées sur ce qu'il faut faire si tu te blesses ou si tu rencontres un blessé qui a besoin d'aide. Ces idées t'éclaireront, mais ne feront pas de toi un spécialiste des premiers soins.

Prendre le pouls

Si tu prends le pouls de quelqu'un, tu sauras à quelle cadence bat son cœur. Ce rythme varie en fonction de l'âge de la personne et de ce qu'elle vient de faire. Le rythme cardiaque d'un enfant de 10 ans est d'environ 90 battements par minute. Celui d'un adulte qui vient de courir sera d'environ 140 battements par minute. Un pouls normal est régulier et fort. S'il en est autrement, il y a un problème. Le meilleur endroit où prendre le pouls est le poignet. Place deux doigts sur la face interne du poignet et presse légèrement. Compte les battements pendant une minute.

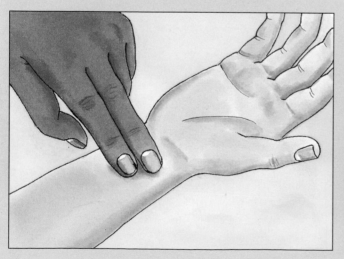

Saignement de nez

Un nez peut saigner pour beaucoup de raisons. Quand on saigne du nez, il faut desserrer tout ce qui peut comprimer le cou et la poitrine. Il faut s'asseoir, la tête légèrement inclinée vers l'avant, pour empêcher le sang de descendre dans la bouche ou dans la gorge.

Il faut pincer les narines pendant une dizaine de minutes. Si le saignement n'est pas arrêté, recommence l'opération pendant 10 minutes. Si le saignement s'arrête, ne te mouche pas pendant au moins quatre heures.

S'il ne s'arrête pas, il vaut mieux appeler un médecin. Rappelle-toi que des gens sont effrayés à la vue du sang.

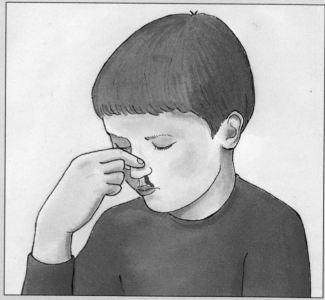

Coupures

Si quelqu'un s'est coupé et si la blessure ne cesse pas de saigner, appuie sur la coupure. Assure-toi qu'aucune saleté ne peut s'introduire dans la plaie. Couvre celle-ci d'un linge propre.

Foulures

Si quelqu'un s'est foulé la cheville, il faut enlever la chaussure et surélever le pied. Entoure la foulure d'un sachet de glaçons ou prends un linge trempé sous l'eau froide puis légèrement essoré. Enroule ce linge autour de la cheville et laisse-le en place pendant une demi-heure au moins pour arrêter l'enflure. La foulure devrait être ensuite étroitement bandée.

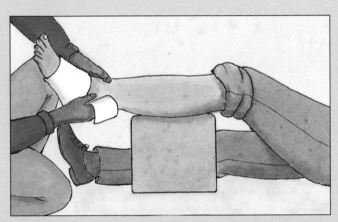

Comme pour tous les premiers soins il faut aller chercher l'aide d'un adulte. C'est important pour les foulures, parce qu'il est très difficile de distinguer une simple foulure d'une fracture.

Engelures

Les engelures sont des lésions de la peau causées par le froid. Elles atteignent les oreilles, le nez, le menton, les mains et les pieds. Elles peuvent occasionner des picotements ou de l'engourdissement.

Si quelqu'un souffre d'engelures, trouve-lui un abri. Enlève tout vêtement couvrant la partie touchée par le gel, puis réchauffe lentement celle-ci par contact avec une autre peau : tes mains ou tes aisselles. Enfin, entoure la partie touchée d'un linge et recouvre-la d'une couverture.

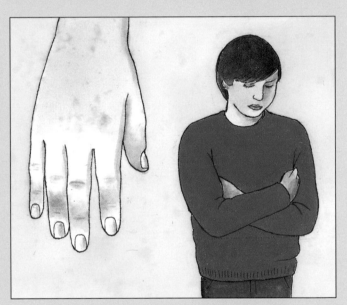

En cas d'urgence

- Garde ton calme, ne panique pas.
- Ne t'expose pas toi-même au danger. Réfléchis posément.
- Pense au moyen d'obtenir de l'aide rapidement.
- Si c'est nécessaire, forme le numéro d'appel de secours.*
- Sache de quel secours tu as besoin : de la police, d'une ambulance, des pompiers.

* Si tu ne connais pas ce numéro, renseigne-toi tout de suite.

- Communique le numéro du téléphone que tu utilises et explique exactement où tu te trouves.
- Tu devras aussi expliquer comment l'accident s'est produit.
- Ne raccroche pas le combiné de l'appareil avant que la personne à laquelle tu parles n'ait terminé.
- Quand tu es à l'extérieur, tâche de te souvenir de l'endroit où se trouve le téléphone le plus proche.

Index

Origine des photographies:
Couverture et pages 11, 17 (en haut), 19 (les deux) et 21 (les deux):
Tim et Jenny Woodcock; pages 7, 9, 13 (en bas), 15 (en haut), 23 et 27 (en bas):
Marie Helene Bradley; page 13 (en haut): Frank Spooner Agency;
pages 15 (en bas) et 25: Spectrum Colour Library;
pages 17 (en bas) et 27 (en haut): Aladdin Pictures.

PRINTED IN BELGIUM BY

proost
INTERNATIONAL BOOK PRODUCTION